ARLEQUIN MAHOMET.

Piéce d'un Acte.

Par M. le S**.

Representée à la Foire de Saint Laurent 1714.

ACTEURS.

ARLEQUIN, faux Mahomet.
DAHI, Marchand, voisin d'Arlequin.
BOUBEKIR, Voyageur & Mathematicien.
Quatre ARCHERS.
Le ROY de Basra.
La PRINCESSE, sa Fille.
Le KAM des Tartares, Pierrot.
Le PRINCE de Perse.
La SUIVANTE de la Princesse.
TROUPE d'Esclaves & d'Eunuques.

La Scene est d'abord à Surate, & ensuite à Basra dans les Jardins du Roy.

ARLEQUIN MAHOMET.

Le Theâtre represente la cour de la Maison d'Arlequin.

SCENE PREMIERE.

ARLEQUIN, *seul*.

AIR 78. (*Or écoutez, Petits & Grands*)

O Sort ! O Destins ennemis !
Dans quel état m'avez-vous mis !
J'ai voulu tâter du commerce ;
J'ai gagné du bien dans la Perse ;
Mais la chance, hélas ! a tourné !
Enfin, me voilà ruiné.

SCENE II.

ARLEQUIN, DAHI.

ARLEQUIN

DAHI.

AIR 42. (*Dupont, mon ami*)

Je viens à regret,
Ami, vous instruire
De ce qu'en secret
On m'est venu dire :
Vos créanciers en ce jour
Veulent vous jouer d'un tour.

ARLEQUIN, *soupirant.*

Ouf !

DAHI.

(*Air précedent.*)

Vous les connoissez ;
Trompez leur envie.

ARLEQUIN.

Seigneur, c'est assez.
Je vous remercie.

DAHI, *s'en allant.*

Adieu. Soyez assez fin
Pour éluder leur dessein.

SCENE III.

ARLEQUIN, seul.

AIR 77. (*Monsieur Lapalisse est mort*)

Marchands, qui dans pareil cas,
Estes bien sortis d'affaire,
Pour vous tirer d'embarras,
Comment avez-vous pû faire?

SCENE IV.

ARLEQUIN, BOUBEKIR.

BOUBEKIR, *après avoir mis à terre un cofre qu'il*
(avoit sur ses épaules.

AIR 16. (*Folies d'Espagne*)

Depuis trois jours que je suis dans Surate,
J'ai sû, Seigneur, par quelques Commerçans
Qu'on doit dans peu mettre sur vous la patte,
Et vous jetter dans les fers pour long-tems.

ARLEQUIN.

Hoïmé!

ARLEQUIN
BOUBEKIR.

AIR 50. (*J'ai fait souvent résonner ma musette*)

Si vous craignez pareille destinée,
Dites-le moi ; parlez confidemment.
Je puis, Seigneur, & dès cette journée,
Vous dérober à l'emprisonnement.

ARLEQUIN.

AIR 5. (*Quand le peril est agréable*)

Non, non, cela n'est pas possible.
Sans doute on me fait observer ;
Et vous ne sauriez me sauver,
Sans me rendre invisible.

BOUBEKIR.

AIR 22. (*Le fameux Diogéne*)

J'ai fait une machine
Qu'on peut nommer divine,
C'est un coffre volant.
Avec cet équipage,
Sans péril on voyage.

ARLEQUIN.

L'ouvrage est excellent.

(*même Air.*)

Mais n'est il point magique?

MAHOMET.

BOUBEKIR.

Non, non, de Mécanique
C'est un ouvrage pur.
Entrez dans ma brouette,
Et faites une traite,
Pour en être plus sûr.

Boubekir va chercher son coffre, sur lequel sont peints des groupes de nuages & un croissant. Il fait entrer Arlequin dedans, en lui disant:

AIR 30. (*Lanturlu*)

Je vais vous apprendre
Comme il faut monter,
Comme il faut descendre,
Où vous arrêter,
De quel côté prendre,
Et voler comme un perdu.

ARLEQUIN.

Lanturlu, lanturlu, lanturelu.

Arlequin fait l'essai du coffre. Il en est charmé. Il le baise, embrasse Boubekir, & dit dans l'excez de son admiration:

ARLEQUIN

ARLEQUIN.

AIR 20. (*Du Cap de Bonne-esperance*)

O la charmante brouette !
Je l'accepte volontiers.
Je pourrai par ma retraite
Payer tous mes créanciers.

BOUBEKIR.

C'est une des sept Merveilles.
J'en veux fournir de pareilles
A tous les Banqueroutiers.

ARLEQUIN, *à part*.

Il en a donc des milliers.

BOUBEKIR, *sur le ton des deux derniers vers*.

J'en ai fait provision
Pour Paris & pour Lyon.

ARLEQUIN.

AIR 25. (*Allons, gay*)

Un si précieux coffre
Vaut mieux que tout mon bien.

BOUBEKIR.

Cependant, je vous l'offre,
Si vous voulez, pour rien.

MAHOMET.

ARLEQUIN.

Allons, gay,
D'un air gay, &c.

Boubekir se retire en faisant des façons pour recevoir une bourse qu'Arlequin lui donne.

SCENE V.

ARLEQUIN, *seul*.

Il s'occupe à munir son coffre de provisions. Il y met du fromage, des cervelats, du vin &c. jusqu'à un pot de chambre. A peine y a-t-il mis toutes ces choses, qu'il arrive chez lui des Archers pour le prendre. Il se jette dans la machine en disant :

AIR 65. (*Voici les Dragons qui viennent*)

Voici les Archers qui viennent,
Vîte sauvons-nous...

SCENE VI.

ARLEQUIN, quatre ARCHERS

Arlequin s'éleve à quinze pieds de terre & se faisant voir aux Archers, il chante:

ARLEQUIN

ARLEQUIN.

Reprise de l'AIR 75. (*Un petit moment plus tard*)

Un petit moment trop tard
La Justice est venuë...

Les Archers tirent leurs épées. Ils le menacent; mais Arlequin, se voyant hors de péril, les insulte. Il leur crache au visage, & vuide sur eux son pot de chambre. Ensuite il disparoît Les Archers le suivent des yeux, & se retirent fort étonnez du prodige qui leur enleve leur proie.

Le Theâtre change en cet endroit, & represente un Bois & un Château dans l'enfoncement. Un jeune Prince paroît appuyé contre un arbre dans l'attitude d'un homme accablé de douleur.

SCENE VII.

Le PRINCE de Perse, *seul*.

AIR 19. (*Ne m'entendez-vous pas*)

Reste-t-il quelque espoir,
Après cette traverse ?
Triste Prince de Perse,

Meurs,

MAHOMET.

Meurs ; que ton défespoir
T'enfeigne ton devoir.

On voit dans ce tems-là paffer le coffre d'Arlequin qui s'arrête en l'air.

SCENE VIII.

Le PRINCE, ARLEQUIN.

Le PRINCE, *fans appercevoir le coffre.*

AIR 43. (*Je ne fuis pas fi Diable*)

Ciel ! Que viens-je d'apprendre !
Ah ! Quel nouveau malheur !
Ai-je bien pû l'entendre,
Sans mourir de douleur !
Epris de ma Princeffe,
Un Kam la vient, dit-on,
Ravir à ma tendreffe.

ARLEQUIN, *à part, en defcendant de fon coffre*
  (& s'approchant du Prince.

C'eft un fripon.

Le PRINCE, *fans appercevoir Arlequin.*

AIR 36. (*Malheureufe journée !*)

Que de cet hymenée,

Tome I.   F

ARLEQUIN
Mon amour malheureux,
Prévienne la journée
Par un coup genereux.

(*Il tire son poignard.*)

Qu'ici ce fer finisse
En ce moment mes jours.
Reçoi ce sacrifice
Objet de mes amours.

Il leve le bras pour se percer. Arlequin l'arrête, & lui dit:

ARLEQUIN.

AIR 35. (*Tes beaux yeux, ma Nicole*)

Que votre Seigneurie
Modere ses transports.
Quittez la sotte envie
De voir les sombres bords.
Je prends votre tendresse
Sous ma protection;
Et de votre Maitresse
Bientôt je vous fais don.

Le PRINCE.

AIR 77. (*Monsieur Lapalisse est mort*)

Vous, qui d'un espoir si doux

MAHOMET.

Flatez ma mourante vie,
Eh ! sur quoi le fondez-vous ?

ARLEQUIN.

Parbleu, sur mon industrie.

Le PRINCE.

AIR 137. (*Sommes-nous pas trop heureux*)

Un Kam, que j'ai pour rival,
Veut m'enlever ma Maitresse:
Aurez-vous assez d'adresse
Pour parer ce coup fatal ?

ARLEQUIN.

Oui, morbleu.

Le PRINCE.

    Cette promesse
Dissipe un peu mon effroy.
Si je vous dois ma Princesse,
Ami, disposez de moy.

ARLEQUIN.

AIR 9. (*Quel plaisir de voir Claudine*)

Çà, je vais de ce pas même...

Le PRINCE.

Mais par quelle invention ?...

ARLEQUIN.

Suivez-moi. Le ſtratagême
Naîtra de l'occaſion.

Ils s'en vont tous deux. Le Theâtre change & repreſente les Jardins du Roy de Baſra, où la Princeſſe ſe promene avec ſa Suivante à l'entrée de la nuit.

SCENE IX.

La PRINCESSE, la SUIVANTE.

La SUIVANTE.

AIR 1. (*Réveillez-vous belle Endormie*)

Cent fois ſoit maudit l'Aſtrologue
Qui, quand vous reçûtes le jour,
Nous prédit d'un air pédagogue
Que l'Amour vous joûroit d'un tour.

AIR 4. (*Comme un Coucou que l'amour preſſe*).

Selon lui, c'eſt dans cette année
Qu'un homme doit vous attraper:
Du moins, juſqu'à cette journée,
Nul encor n'a pû vous tromper.

MAHOMET.
La PRINCESSE.

AIR 18. (*Branle de Metz.*)

Cependant, le Roi mon pere
Craint ce que l'on a prédit ;
Et, pour mettre son esprit
En repos sur cette affaire,
Il prétend lier mon sort
Au sort d'un sexagenaire,
Que je hais plus que la mort.

La SUIVANTE.

Le Roi votre pere a tort.

AIR 56. (*Pour passer doucement la vie*)

Le Ciel, ô Princesse adorable,
Vous devoit un destin plus doux ;
Et le Prince le plus aimable
Est à peine digne de vous.

SCENE X.

La PRINCESSE, la SUIVANTE, ARLEQUIN, *en l'air dans son coffre.*

La PRINCESSE.

AIR 45. (*Je ne veux point troubler votre igno-
rance*)

Quoi, faudra-t-il, malgré ma répugnance,

ARLEQUIN

Avec le Kam vivre jusqu'au trépas !

La SUIVANTE, *levant les mains au Ciel.*

O Mahomet, de cette violence
Daigne sauver cet objet plein d'appas.

ARLEQUIN, *en l'air, & prenant de cette apostrophe occasion de passer pour Mahomet, dit sur le (ton du dernier vers.*

Oh ! le vieux Kam, ma foi, ne l'aura pas.

Il n'a pas sitôt chanté ce vers, qu'il disparoît. La Princesse & sa Suivante sont fort étonnées d'avoir entendu ces paroles. La Suivante croit que c'est Mahomet qui les a prononcées, & saisie d'une sainte horreur, elle dit à la Princesse :

La SUIVANTE.

AIR 31. (*La faridondaine*)

Vous voyez que c'est Mahomet,
Qui pour vous s'interesse.

La PRINCESSE.

C'est peut-être quelque Folet,
Qui trompe ma tendresse.

ARLEQUIN, *sans être apperçû.*

Non, c'est Mahomet tout de bon;

MAHOMET.
La faridondaine,
La faridondon.
Le Kam sera votre mari,
Biribi,
A la façon de Barbari,
Mon ami.

La SUIVANTE.

AIR 44. (*J'entends déja le bruit des armes*)

Accordez-nous votre assistance,
Grand Prophete des Musulmans;
Donnez-nous en une assurance,
Qui rende le calme à nos sens;
Et daignez de votre présence
Nous honorer dans ces momens.

ARLEQUIN.

AIR 155. (*d'Atis.*)

Allons, allons, accourez tous, *bis.*
Mahomet va descendre.

Arlequin descend dans un bosquet épais où il laisse son coffre. Il s'approche de la Princesse, qui lui dit avec étonnement:

La PRINCESSE.

AIR 40. (*Si dans le mal qui me possede*)

Vous, Mahomet! Quelle jeunesse!

P iiij

ARLEQUIN

ARLEQUIN.

Suivant les tems, fuivant les lieux
J'ai l'air jeune, ou je parois vieux.
Bien-tôt vous verrez, ma Princeffe,
Le grand Prophéte Mufulman
Plus barbu que le Roi Priam.

AIR 7. (*Tu croyois, en aimant Colette*)

Je romprai votre mariage ;
Je roûrai le vieux Kam de coups.
Je veux plus faire : je m'engage
A vous donner un autre époux.

Arlequin à la faveur d'une lanterne fourde prefente à la Princeffe le portrait du Prince de Perfe, en lui difant :

AIR 21. (*Laire-la, laire-lan-laire*)

C'eft le fils d'un grand Souverain.
Que vous recevez de ma main.
Voyez les traits de ce Compére.
    Laire-la, laire lan-laire,
        Laire-la,
      Laire lan-la.

La Princeffe, après avoir confideré un moment le portrait, fe le laiffe arracher par fa Suivante, qui dit :

MAHOMET.

La SUIVANTE.

AIR 47. (*Robin, turelure lure*)

Voilà d'un Prince joli
Le portrait en mignature.

ARLEQUIN.

Tudieu ! C'est un dégourdi,
Turelure.

La SUIVANTE.

On le voit à la peinture,
Robin, turelure lure.

(*Bas à Arlequin, & lui montrant sa maitresse.*)

AIR 91. (*O gué, lon-la, lan-laire*)

Elle le trouve aimable,
Sans dire mot.

ARLEQUIN.

C'est, je me donne au Diable,
Son vrai balot.

La SUIVANTE, *toujours bas.*

Je prévois, aux graces qu'il a,
Que cet enfant-là
Voudra bien cela.

ARLEQUIN
O gué, lon-la,
Lan-laire,
O gué, lon-la.

ARLEQUIN, *cajollant la Princesse.*

AIR 17. (*Menuet d'Hésione.*)

Expliquez-vous, belle brunette,
Que dit le cœur pour ce grivois?

La PRINCESSE.

Puis-je mieux faire, grand Prophete,
Que d'applaudir à votre choix?

ARLEQUIN.

AIR 9. (*Quel plaisir de voir Claudine*)

Vous voulez-donc bien, mignonne....

(*à part.*)

Peste! Quel friand minois!

(*haut.*)

Le Prophete sent, friponne,
Qu'il s'échauffe en son harnois.

La SUIVANTE.

AIR 14. (*Voulez-vous savoir qui des deux*)

Malgré toutes les voluptez,
Et toutes les felicitez
De votre séjour delectable,

MAHOMET.

Je crois ; (mais je puis m'abuser)
Qu'en ce monde une femme aimable
Pourroit fort bien vous amuser.

ARLEQUIN.

AIR 25. (*Allons, gay*)

Ce grand air de Déesse,
Et ce charmant soûris,
Me font, je le confesse,
Oublier mes * Houris.
   Allons, gay,
   D'un air gay, &c.

La SUIVANTE.

AIR 27. (*Et zon, zon, zon*)

Ont-elles plus d'appas ?

ARLEQUIN.

Elles sont moins gentilles ;
Mais, diable, j'en fais cas ;
Elles sont toujours filles.
   Et zon, zon, zon,
   Lisette, la Lisette,
   Et zon, zon, zon,
   Lisette, la Lison.

---

* Ce sont les Filles du Paradis de Mahomet, qui, par un miracle de l'Alcoran sont toujours Vierges, quoiqu'elles fassent la felicité des Bienheureux Musulmans.

ARLEQUIN

La SUIVANTE, flatant Arlequin.

AIR 10. (Mon pere, je viens devant vous)

Puisque Mahomet ici bas
Vient pour y faire un hymenée,
Il ne me refusera pas
De joindre aussi ma destinée
A celle de quelque garçon :
J'en veux un de votre façon.

ARLEQUIN.

AIR 53. (Ce n'est point par effort qu'on aime)

Un brunet toujours prêt à rire
Dès demain sera ton époux.
J'entends du bruit Je me retire.

La PRINCESSE.

Ne vous éloignez pas de nous.

ARLEQUIN.

Non. Mais au Roi vous pouvez dire
Que je veux disposer de vous.

(*Il se retire.*)

SCENE XI.

La PRINCESSE, la SUIVANTE,
le ROY, le KAM.

MAHOMET.

Le ROY, *presentant le Kam à la Princesse.*

AIR 2. (*Quand je tiens de ce jus d'Octobre*)

Ma fille, recevez l'hommage
D'un cœur qui vous est destiné.

La SUIVANTE, *d'un ton ironique.*

Oh! le gracieux personnage
Que vous nous avez amené!

Le KAM, *à la Princesse.*

AIR 27. (*Et zon, zon, zon*)

Que je prends de plaisir
A vous voir si gentille!
Je sens un grand désir
D'entrer dans la famille.
　　Et zon, zon, zon,
Lisette, la Lisette,
　　Et zon, zon, zon,
Lisette, la Lison.

La SUIVANTE, *au Roy toujours ironiquement.*

AIR 13. (*Joconde.*)

Vous ne pouviez choisir, Seigneur,
Un gendre plus aimable;
Il est fait pour toucher un cœur.

ARLEQUIN

La PRINCESSE, *à part*.

Qu'il est désagreable !

La SUIVANTE.

Mais le Prophete Mahomet,
A cet hymen contraire,
Vient de nous déclarer tout net,
Qu'il prétend le défaire.

Le ROY, *avec étonnement*.

AIR 22. (*Le fameux Diogene*)

Que dites-vous, ma mie ?
Parlez-moi, je vous prie,
Un peu plus clairement.
Ce discours m'inquiette ;
Vous avez au Prophete
Parlé ?...

La SUIVANTE.

Dans ce moment.

AIR 11. (*On n'aime point dans nos forêts.*)

Du Prince de Perse, dit-il,
Je fais l'Epoux de la Princesse.
C'est un Prince galant & gentil,
Digne en un mot de ma Maitresse.

MAHOMET.
Le ROY.

Tout cela ne fent rien de bon :
Ce Mahomet eft un fripon.

AIR 5. *(Quand le peril eft agreable)*

Quoi, malgré ma garde nombreufe,
Malgré tous mes foins, cette nuit
Un fourbe ici s'eft introduit !

(à la Suivante.)

Crains pour toi, malheureufe,

Le KAM.

(même Air.)

Oui, vous avez raifon, Beau-pere,
Mahomet eft un fcelerat.

La SUIVANTE, *effrayée de ce blafphême.*

Ah ! n'attirez point fur l'Etat
Sa terrible colere !

Le ROY, *irrité contre la Suivante.*

AIR 49. *(Jardinier ne vois-tu pas)*

Vous ofez d'un fuborneur
Appuyer l'infolence !

(au Kam)

Cherchons ce larron d'honneur.

ARLEQUIN

Cherchons ; tirons en, Seigneur,
Vengeance, vengeance, vengeance,

Le KAM, *repete le dernier vers.*

Vengeance, vengeance, vengeance.

Le Roy & le Kam le sabre à la main cherchent partout le faux Mahomet qui paroît en l'air, & qui de son coffre décharge sur la tête du Kam des coups de batte en chantant aussi.

ARLEQUIN.

Vengeance, vengeance, vengeance.

Le ROY & le KAM.
(ensemble)

AIR 120. (*Poursuivons jusqu'au trépas*)

Exterminons aujourd'hui
Ce coquin qui nous outrage ?
Exerçons sur lui
Toute notre rage.

Ils continuent à chercher le faux Prophete, qui jette sur eux quantité de pétards & d'autres feux d'artifice, qui enflamment l'air. On voit en même tems Arlequin dans sa machine qui traverse le théâtre. Il a un pourpoint noir avec un turban & une longue barbe blanche. Le Roy & le Kam font frappez de cette apparition ; & la Suivante, profitant de la crainte dont elle voit le Roy faifi, lui dit :

La SUIVANTE.

AIR 55. (*Vous, qui vous moquez par vos ris*).

Au lieu d'offenfer Mahomet,
Faites ce qu'il défire;
Vous verrez un bonheur parfait
Regner dans votre Empire.

Le ROY.

Hé-bien, j'y confens : C'en eft fait.
Il faut donc me dédire.

(*au Kam.*)

AIR 61. (*Les Trembleurs.*)

Prince, notre réfiftance
N'eft qu'une vaine défenfe ;
Et vous voyez qu'elle offenfe
Le Patron des Mufulmans.
Allez. Croyez-moi, mon frere,
N'irritons point fa colere;
Il faut, pour le fatisfaire
Rompre nos engagemens.

ARLEQUIN

Le KAM, *en se frotant les épaules.*

AIR 33. (*La verte Jeunesse.*)

Tout franc, votre fille
Etoit bien mon fait ;
Et j'étois un drille...
Mais votre valet :
Puisque le Prophete
En agit ainsi,
Je vais, sans trompette,
Déloger d'ici.

Le Kam fait la reverence au Roy & à la Princesse, & s'en va.

SCENE XII.

Le ROY, la PRINCESSE, la SUIVANTE.

La SUIVANTE, *apostrophant Mahomet.*

AIR 4. (*Comme un Coucou que l'amour presse.*)

Mahomet, que ton courroux cesse ;
On va suivre tes volontez :
Tu vois que notre Roi s'empresse
A reconnoitre tes bontez.

MAHOMET.

Le ROY, *apostrophant aussi Mahomet.*

AIR 15. (*Je ne suis né ni Roy, ni Prince*)

Ma sacrilege résistance
N'excitera plus ta vengeance.
Par Medine j'en fais serment,
Ville où les Musulmans fidelles,
Avec un saint empressement,
Vont voir tes dépouilles mortelles.

SCENE XIII.
& derniere.

Le ROY, la PRINCESSE, la SUIVANTE, ARLEQUIN, le PRINCE de Perse.

Arlequin, qui a tout entendu, profitant de la disposition où il voit l'esprit du Roy, sort d'un bosquet où il a transporté le Prince de Perse, & s'avance avec lui vers le Monarque.

Le ROY, *se jettant aux pieds du faux Mahomet.*

AIR 8. (*Je reviendrai demain au soir*)

Vous me voyez à vos genoux.

ARLEQUIN

ARLEQUIN.

Bon Roi relevez-vous. *bis.*

Le ROY.

Moi, qui vous ai tant offensé…

ARLEQUIN.

Laissons-là le passé. *bis.*

(*presentant le Prince.*)

AIR 2. (*Quand je tiens de ce jus d'Octobre*)

Voici l'Epoux de votre fille,
Du Roi de Perse unique fils.
Pour recruter votre famille
Il a le mérite requis.

AIR 3. (*Réveillez-vous, belle Endormie*)

Ne l'acceptez-vous pas pour gendre?

Le ROY.

Je le reçoi de tout mon cœur.
De votre main on doit tout prendre.

ARLEQUIN.

Oui, foy de Prophete d'honneur.

Le Prince de Perse tombe aux genoux du Roy de Basra, qui l'embrasse.

MAHOMET.
Le ROY.

AIR 53. (*Ce n'est point par effort qu'on aime.*)

Heritier d'un célebre Empire,
Pour moi quelle felicité !...

Le PRINCE.

Grand Roi, que ne pouvez-vous lire,
Dans le cœur d'un Prince enchanté !...

Le ROY, *à la Princesse.*

Avec plaisir tu dois souscrire,
Ma fille, à ce charmant traité.

La SUIVANTE, *au Roy.*

AIR 65. (*Voici les Dragons qui viennent.*)

Oh ! sans peine à cette affaire
Son cœur se résoud !

La PRINCESSE.

J'y consens, pour satisfaire
Le grand Prophete & mon Pere.

ARLEQUIN.

Et vous itout. *bis.*

Le ROY.

AIR 3. (*Bannissons d'ici l'humeur noire.*)

Que cette nuit on chante, on danse.

ARLEQUIN MAHOMET.

La SUIVANTE.

Mahomet, dedaignerez-vous
D'honorer de votre préfence
L'hymen de ces jeunes Epoux ?

ARLEQUIN.

A I R 26. (*Talalerire*)

Non, vraiment ; & je veux, Poulette,
Eſtre ſur terre ton mari.

La SUIVANTE.

Que dites-vous, ô grand Prophete !

ARLEQUIN.

Tu me ſerviras de Houri.

La SUIVANTE, *lui paſſant la main ſous la bar-*
(*be.*

Le grand Mahomet aime à rire.

ARLEQUIN.

Talaleri, talaleri, talalerire.

Une troupe d'Eſclaves & d'Eunuques
viennent former une danſe qui finit la
Piéce.

FIN.

www.ingramcontent.com/pod-product-compliance
Lightning Source LLC
Chambersburg PA
CBHW060712050426
42451CB00010B/1410